재미있는 **감각통합 놀이**

"

에듀컨텐츠·휴피아
Educontents·Huepia

"

__머리말

　전 세계적으로 감각통합 중재 혹은 감각통합 치료는 아동 재활치료 분야인 아동 작업치료 분야에서 중요한 중재 방법으로 자리 잡았습니다. 감각통합치료는 특별히 발달이 떨어지거나 장애가 있는 아동에게 주로 적용된 중재 방법입니다. 그러나 이 책은 감각통합을 이용하여 장애아동뿐만 아니라 일반 아동들도 즐기고 놀기를 바랍니다. 그래서 많은 아동들이 감각통합 놀이를 즐기기를 바랍니다. 먼저 이 책에서는 감각통합의 이론적인 부분을 간단히 소개하고, 감각통합을 근거로 한 촉각 놀이, 고유감각 놀이, 전정감각 놀이를 소개하고자 합니다. 이런 놀이는 집에서도 유치원 등의 기관과 재활치료를 받는 아동들에게도 적용할 수 있도록 구성하였습니다. 이 책을 집필하고 발간함에 있어서는, 감각통합 중재 분야의 전문가들 뿐만 아니라, 부모와 아동들이 함께 감각통합 놀이의 즐거움을 공유하고자 합니다. 많은 아동들이 감각통합 놀이 활동을 통해 의미있고 행복한 삶을 누리는데 도움이 되면 좋겠습니다.

　감사합니다.

2023년 10월 1일

이 나 핼

목 차

인사말 ··· 3

I. 감각통합의 이론편 ··· 9
  1. 감각통합은 무엇인가? ································ 11
  2. 감각통합의 역사 ·· 12
  3. 감각통합과 신경계 ···································· 13
    1) 감각-촉각 ··· 13
    2) 감각-고유감각 ······································ 14
    3) 감각-전정감각 ······································ 15

II. 감각통합 놀이의 실제편 ······························· 17
  1. 촉각놀이 ·· 19
    1) 설탕 드로잉 놀이 ································ 20
    2) 골판지 그림 놀이 ································ 22
    3) 쉐이빙 폼 놀이 ···································· 24
    4) 네거티브 페인팅 ·································· 26
    5) 분무기 페인팅 ······································ 28
    6) 발로 쿵쿵!! 발 도장 놀이 ················ 30
    7) 파리채 물감 놀이 ································ 32
    8) 데굴데굴 물감 공 굴리기 ·················· 34
    9) 거울에 내 모습 그리기 ······················ 36
    10) 과일 & 야채로 도장 찍기 ··············· 38
    11) 밀가루 반죽 놀이 ······························ 40
    12) 지점토로 동물 만들기 ······················ 42
    13) 국수 부수기 놀이 ······························ 44
    14) 방울방울~ 비눗 방울 놀이 ·············· 46

2. 고유감각 놀이 ········· 49
1) 장애물 달리기 ········· 50
2) 바다낚시 ········· 52
3) 소방관 놀이 ········· 54
4) 돌~돌~ 김밥 말이 ········· 56
5) 훌라우프 점프! 점프! ········· 58
6) 몸 시소 놀이 ········· 60
7) 방석 징검다리 ········· 62
8) 터널에서 공 굴리기 ········· 64
9) 발가락으로 전달! 전달! ········· 66
10) 풍선 놀이 ········· 68
11) 엉금~ 엉금~ 나는야 거북이 ········· 70
12) 수건 잡아당기기 ········· 72
13) 후~ 후~ 불기 놀이 ········· 74

3. 전정감각 놀이 ········· 77
1) 그네 타기 ········· 78
2) 통나무 굴리기 ········· 80
3) 트램폴린 놀이 ········· 82
4) 세차장 놀이 ········· 84
5) 타이어 배 타기 ········· 86
6) 스쿠터 보드 놀이 ········· 88
7) 줄넘기 ········· 90
8) 로션 스케이트 놀이 ········· 92
9) 미끄럼틀 놀이 ········· 94
10) 달리는 버스 ········· 96
11) 시소 놀이 ········· 98
12) 큰 공타기 놀이 ········· 100
13) 스피닝 콘 놀이 ········· 102

참고서적 ········· 105

에듀컨텐츠·휴피아
CH Educontents·Huepia

재미있는
감각통합 놀이

Fun
Sensory Integration Play

이 나 햴 · 지음
(고신대학교 작업치료학과/이학박사)

I.
감각통합의 이론편

1. 감각통합은 무엇인가?
2. 감각통합의 역사
3. 감각통합과 신경계

"

에듀컨텐츠·휴피아
Educontents·Huepia

"

감각통합은 주변 환경으로부터 뇌에 들어오는 감각을 뇌에서 통합하는 과정이다. 감각이 뇌에서 잘 통합되면, 우리의 신체에서 나오는 행동과 수행이 적절하게 나올 수 있다. 반면에 뇌에서 감각을 통합하는데 문제가 생기면 우리의 행동과 수행은 비정상적인 형태로 나타나게 된다. 특히 뇌 발달이 완성되지 못한 아동기에 이런 문제가 많이 나타난다. 감각통합의 문제는 장애 아동 뿐만 아니라 정상 발달을 하는 아동에게도 나타난다. 주변 감각에 대해 예민하게 반응하거나 둔감하게 반응할 수 있다. 이로인해 장애까지는 아니더라고 집중력에 어려움이 있고, 글씨를 쓰고 읽는 등의 학습에 영향을 미친다. 또한 또래와의 상호작용에 어려움이 발생해서 사회성에 어려움을 겪는다. 이 책은 감각통합 장애를 가지고 있는 장애 아동뿐만 아니라 정상 발달 범주에 속한 아동들도 놀이로 즐길 수 있는 감각통합 놀이 책이다. 먼저 이론편에서 간단하게 감각통합의 이론을 소개하고, 실제편에서 감각통합의 중심 감각인 촉각, 고유감각, 전정감각 이용한 놀이 방법을 그림과 함께 소개하고 자 한다.

1. 감각통합은 무엇인가?

감각 통합은 주변 환경으로부터 뇌에 들어오는 감각을 뇌에서 통합하는 과정이다. 예를 들어 '아동이 놀이터에서 놀고 있다'라고 생각해 보자. 아동의 뇌에서 감각 통합이 잘 이루어지면 그네를 탔을 때 아동은 그네 타는 것이 무섭거나 아무 반응이 없는 것이 아니라 재미(fun)있고, 계속 그네를 타고 싶다는 내적 동기(inner drive)를 불러일으킨다. 그네 타는 것이 아동에게

도전적인 활동(just right challenge)이 되어서 더 높게 올라가고 싶고 다양한 방법으로 그네를 타고 싶어 하며 즐긴다. 감각통합은 감각 입력을 조직화하는 과정으로 뇌는 유용한 신체 반응과 지각, 정서, 사고를 돕고, 움직이고 말하고 놀이하는 동안 발달한다. 감각통합이 잘 이루어지면 행동, 학습, 집중력, 자기통제, 뇌의 특수화와 같은 고도의 뇌 기능이 잘 이루어지고, 감각 통합에 문제가 발생하면 이와 같은 것에 어려움이 발생한다. 감각 통합이 잘 이루어지면 놀이하는 것이 즐겁고 적절하게 행동하게 된다. 또한 자신감과 자존감이 올라가고, 자신에 대한 긍정적인 태도를 가진다.

2. 감각통합의 역사

감각 통합 창시자는 진 에어즈 박사(Dr. A. Jean Ayres)이다. 진 에어즈 박사는 1923년 미국 캘리포니아에서 출생하였다. 진 에어즈 박사는 남 캘리포니아 대학(University of Southern California)에서 작업치료학을 전공하여 학부와 석사 학위를 받았고, 동 대학에서 교육심리학 박사학위를 받았다. 박사 후 과정은 UCLA의 뇌 연구소에서 일하였다. 진 에어즈 박사는 이 연구소에서 감각통합 기능장애의 이론을 정립하였고, 감각 통합 장애라는 말을 처음 사용하였다. 에어즈 박사는 학습장애 아동에 관심을 갖게 되면서, 감각 운동(sensory motor)과 학습 장애(learning disorder) 아동들에게서 나타나는 기능 장애의 패턴을 발견하였다. 이를 정의하고, 문제의 원인을 설명하고 이들의 위한 치료적 접근 방법을 제시하는 과정에서 감각통합이라는 이론을 정리하였다. 1972년에 감각통합 국제 비영리 조직을 창설하였고, 1976년은 에어즈 클리닉을 세워서 감각통합 기능 장애 아동에게 교육 및 치료적 도움을 제공하였다. 또한 활발한 강연 활동과 교육을 통해 임상가들에게 치료적 도움을 제공하고, 수많은 논문을 발표하고, 책을 출판하였고, Sensory Integration and Praxis Tests(SIPT, 1989)와 같은 표준화된 평가 도구를 개발하였다.

3. 감각통합과 신경계

1) 감각-촉각

촉각을 전달하는 척수 신경로는 몸 감각을 척수에서 대뇌 겉질로 전달하는 뒤기둥-안쪽섬유띠로(posterior column-medial lemniscal pathway)와 척수 시상로(spinothalamic tract)가 있다. 뒤기둥-안쪽섬유띠로는 촉각, 압각, 진동감각, 신체의 위치와 움직임을 의식적으로 알 수 있는 고유수용성감각을 전달한다. 촉각은 세기와 위치를 식별할 수 있는 식별 촉각이다. 식별 촉각은 촉각을 이용해서 수저나 볼펜 같은 익숙한 물건을 알 수 있는 입체 인지 지각(stereognosis)을 대뇌 겉질에 전달한다. 척수 시상로는 통각과 온도 감각, 부위를 정확하게 알지 못하는 촉각을 느낄 수 있는 둔한 촉각을 전달한다. 수용기는 메르켈 촉각소체, 마이스너 촉각소체, 크라우제 종말망울, 파치니 층판소체, 털주머니 종말, 루피니소체 등의 감각 수용기가 있다.

촉각은 모아 애착, 정서적 안정감, 사회적 기술에 영향을 준다. 엄마와 자녀간의 신체 접촉은 안정된 애착을 형성하는데 기초가 되고, 사회적 기술을 형성하는데 도움이 된다.

촉각은 신체를 인식하고 우리의 몸을 실행하는 운동계획에도 영향을 준다. 우리는 눈으로도 물체를 구별하지만 접촉하고 만지므로 좀 더 그 물체를 깊이 인식하여 정확한 시각 변별을 하는 데 도움을 준다. 아동이 정서적으로 안정되어야 언어나 학문적 학습 같은 고도의 뇌 기능도 활발하게 작동하므로 촉각은 이들에게도 영향을 미친다고 할 수 있다.

2) 감각-고유감각

고유수용성 감각은 짧게 고유감각이라고도 명명한다. 이 책에서는 고유수용성 감각을 고유감각으로 기술한다. 고유감각을 전달하는 척수 신경로는 뒤기둥-안쪽섬유띠로와 척수 소뇌로가 있다. 뒤기둥-안쪽섬유띠로(posterior column-medial lemniscal pathway)는 신체의 위치와 움직임을 의식적으로 알 수 있는 의식적 고유감각을 전달한다. 의식적 고유감각을 감지하는 수용기는 근육과 관절에 위치하는 근육 방추, 골지힘줄기관 및 관절 수용기가 있다. 척수 소뇌로(spinocerebellar tract)는 자율적인 운동의 조절에 사용되는 무의식적 고유감각을 전달한다.

고유감각은 신체 내부로부터의 정보를 뇌로 전달한다. 이를 통해 신체를 인식하고, 운동을 조절하고, 움직임의 강도를 조절하고, 자세를 안정시키고, 실행(운동계획)과 정서적 안정에 영향을 미친다. 고유감각은 가만히 서 있을 때에도 발꿈치, 무릎, 엉덩 관절 등으로부터 체중이 어떻게 어디로 실리는지, 힘을 얼

마나 주어야 하는지에 관한 정보가 보내진다. 무거운 물건을 들 때에도, 줄을 밀고 당길 때에도, 손수레 걷기를 할 때에도, 연필로 글씨를 쓸 때에도 어느 정도의 힘을 쓰면 좋을지, 근육이나 인대로부터의 정보가 뇌에 전달된다. 몸의 위치와 팔다리 위치에 관한 정보와 몸의 운동에 관한 정보와 관련이 있다. 다른 감각과 함께, 신체 도식과 운동계획의 발달에 대단히 중요한 역할을 하고 있다. 장애물 넘기에서 장애물의 높이를 시각으로 판단하지만 우리의 고유감각은 높이를 넘기 위해서 신체를 어떻게 움직일지, 언제 다리를 올릴지를 알려준다. 고유감각은 대부분 무의식적으로 일어나는데 만약 고유감각의 작용이 저하가 되면, 우리의 움직임은 대단히 늦어지고 어색하고 둔하게 된다. 모든 활동을 의식적으로 시행해야 할 것이다. 정서적 안정에도 영향을 미치는데, 우리가 흥분하고 불안할 때 누군가에게 안기거나 이불속으로 꼭꼭 들어가면 진정되는 것을 느낄 수 있다. 이와 같이 고유감각은 정서에도 영향을 미친다.

3) 감각-전정 감각

전정 감각은 평형감각과 지구의 중력에 적응하여 공간에서 자신의 몸이 어디에 있고, 어떤 방향을 향해 움직이는지를 알려주는 매우 중요한 감각이다. 전정감각의 신경 기관은 귀 내이에 있는 안뜰(전정) 기관이라고 이곳에서 전정 감각에 대한 정보를 전달한다. 즉 머리의 움직임, 중력과 관성력과 관련한 머리 위치에 대한 정보를 제공한다. 안뜰 기관은 첫째, 세 개의 반고리관(semicircular canal)과 팽대능선은 머리의 각 가속(angular acceleration)을 감지한다. 공중 제비를 하고, 피겨스케이트 선수가 회전을 하고, 그네 타는 등을 감지한다. 둘째, 둥근 주머니(saccule)와 타원주머니(utricle)의 평형반은 선 가속(linear acceleration)과 중력을 감지하여, 버스의 급정거, 아기를 번쩍 들어 올리는 놀이, 트램폴린 높이 등을 감지한다.

전정 감각은 다른 감각들과 많은 연결을 하고 있다. 뇌줄기(brainstem)의 그물체(reticular formation)와 연결되어 대뇌 겉질 전체의 각성상태를 조절한다. 예를 들어 흥분된 아기를 안아서 천천히 흔들고 있으면 그물체에서 각성수준을 낮추어 아기는 편안히 잠들게 된다. 전정 감각은 시상하부와의 연결을 통해 불규칙적으로 강한 흔들림이 계속되면 두통과 구토 등 자율신경의 과잉 자극에 의한 멀미 증상을 나타내게 된다. 척수와의 연결을 통해 자세를 유지하는 데 기반이 되는 근 긴장을 조절하고 자세와 머리의 위치를 조절한다. 눈의 안구의 움직임을 지배하는 뇌 신경인 눈 돌림 신경핵, 도르래 신경핵, 갓돌림 신경핵과 연결되어 머리가 움직일 때도 시선을 고정시켜 줌으로써 안정된 시각을 유지하게 된다. 우리가 그네에서 빙글빙글 돌고 멈추면 눈동자가 그네가 움직인 반대 방향으로 돌아가는 것은 전정 감각과 세 개의 뇌 신경핵이 연결되어 있는 증거이다. 전정 감각은 어떤 활동을 하는데 기초를 만드는 기능을 하고, 활동을 안정된 형태로 유지하기 위해 중요한 역할을 한다. 전정 감각은 중력에 대한 안정감을 제공하고 움직임과 균형, 근 긴장, 양측 협응, 운동계획, 시각과 청각과 밀접하게 연결되어 있고, 정서적 안정감에도 영향을 주는 중요한 감각이다.

이와 같이 촉각, 고유감각 전정감각은 우리의 뇌에 들어오는 중요한 감각이고, 아동의 발달에도 지대한 영향을 미친다. 그럼 이론은 간단히 마무리하고, 실제편에서 어떻게 아동의 뇌를 발달시켜, 재미있게 즐길 수 있도록 세 가지 감각 놀이를 소개하고자 한다.

II. 감각통합 놀이의 실제편

1. 촉각 놀이
2. 고유감각 놀이
3. 전정감각 놀이

에듀컨텐츠·휴피아
CH Educontents·Huepia

1. 촉각 놀이

1) 설탕 드로잉 놀이

▶ 준비물: 설탕, 쟁반

▶ 놀이 방법: 설탕을 쟁반 혹은 큰 판에 두께감 있게 뿌려 놓는다. 설탕을 비슷한 두께감으로 만들어 놓고 설탕 위에 손가락으로 그림을 그린다. 손가락으로 그림 대신 숫자나 글자를 써도 좋고, 좋아하는 모양을 그려보아도 좋다. 그림을 다 그리고, 쟁반을 살살 흔들어주면 다시 설탕이 골고루 뿌려진다. 그림을 다 지우고 다시 원하는 그림 혹은 모양을 표현한다.

▶ 응용 방법: 설탕 대신 소금이나 모래, 밀가루, 코코아 가루를 사용해도 된다. 설탕이 밖으로 떨어지면 청소하기 어려우니 신문지 혹은 비닐을 쟁반 아래에 깔고 하면 청소하기에 좋다.

▶ 기대 효과: 설탕을 만지므로 촉각적 자극이 제공된다. 그림, 글씨, 숫자 그리고 모양을 그리므로 시각적 지각 능력과 미세 손 기능이 향상된다.

2) 골판지 그림 놀이

▶ 준비물: 종이, 골판지, 크레파스, 그림 붓, 물감, 매직펜

▶ 놀이 방법: 골판지 위에 종이를 한 장 올린다. 크레파스를 사선으로 쥐어서 종이 위에 색칠해 본다. 크레파스로 색칠해서 종이 위에 골판지 무늬가 보이도록 한다. 크레파스 색깔과 대비를 이루는 물감을 붓에 묻혀 크레파스를 칠한 부분에 덧칠한다. 종이에 물감이 마르면 그 위에 눈에 띄는 크레파스, 매직펜, 마커 등으로 다시 한 번 그림을 그린다.

▶ 응용 방법: 골판지 위에 종이를 대신해서 얇은 하얀 천이나 노루지(기름종이) 같은 종이를 올려서 사용해도 된다. 일반 종이와 다른 느낌의 재질감을 볼 수 있을 것이다.

▶ 기대 효과: 골판지 위에 종이에 크레파스로 색칠함으로 촉각과 진동 자극이 제공된다. 강약을 조절하면서 색칠해야 하므로 상지의 운동 조절 능력과 그림 그리기의 구성 능력이 필요하므로 공간적 조작 능력이 향상된다.

3) 쉐이빙 폼 놀이

▶ 준비물: 쉐이빙 폼, 종이 또는 쟁반, 물감 또는 식용색소

▶ 놀이 방법: 쉐이빙 폼을 충분히 흔들어서 종이 혹은 쟁반 위에 떠 놓는다. 여기에 물감을 조금 떨어뜨려서 손가락으로 섞는다. 이때 쉐이빙 폼을 여러 곳에 뿌려, 뿌린 곳에 다른 색깔의 물감을 섞어서 다양한 쉐이빙 색깔을 만들면 더욱 재미있다. 투명하고 작은 플라스틱 컵에 쉐이빙 폼을 뿌리고 그 위에 갈색 물감을 떨어뜨리고 반짝이 가루 혹은 스티커를 붙이면 아이스크림을 만들 수 있다. 혹시 아동의 피부가 민감하고 손가락에 묻은 것을 빨아먹는 아이라면, 쉐이빙 폼을 대신해서 휘핑 크림으로, 물감 대신 식용색소를 사용하면 된다.

▶ 응용 방법: 쉐이빙 폼을 거울 위에 뿌린 다음 그림을 그리고 모양을 만들어도 좋다. 쉐이빙 폼에 색종이가 잘 붙기 때문에, 색종이를 오려 붙여서 어떤 모양을 만들면 재미있다. 예를 들어 쉐이빙 폼 위에 손가락으로 동그라미를 그리고 색종이로 눈, 코, 입을 오려서 붙이면 사람이 되고, 쉐이빙 폼 위에 세모를 그리고, 색종이를 길게 찢어서 세모 밑변에 붙이면 오징어가 된다.

▶ 기대 효과: 쉐이빙 폼과 휘핑 크림을 만지므로 풍부한 촉각 자극을 즐길 수 있고, 쉐이빙 폼 위에 그림 등을 그리므로 미세 손 기능과 눈-손 협응이 향상된다. 쉐이빙 폼 아이스크림을 만들므로 창의력과 창조성이 활성화된다.

4) 네거티브 페인팅

▶ 준비물: 무늬가 있는 물건(낙엽, 종이 인형, 두꺼운 종이로 만든 숫자 혹은 글자, 도형 등), 풀, 커다란 전지 도화지, 물감, 그림 붓이나 스펀지, 칫솔이나 분무기

▶ 놀이 방법: 무늬가 있는 물건들의 뒷면에 살짝 풀칠을 하고, 흰 도화지에 붙인다. 나중에 깨끗이 떼어 내야 하기 때문에 풀을 조그만 묻힌다. 스펀지나 붓으로 물감을 찍어서 도화지 위의 물건을 모두 색칠한다. 또한 칫솔이나 분무기로 물건 위에 물감을 뿌리면 또 다른 느낌이 난다. 물감을 다 칠하면 붙였던 물건들을 떼어 내어 본다. 예쁜 무늬가 드러날 것이다.

▶ 응용 방법: 네거티브 페인팅 기법을 사용할 때는 수채화 물감을 주로 이용하지만 아크릴 물감(이때는 그림 붓과 스펀지만 사용)을 사용하면 다른 느낌의 네거티브 페인팅 기법이 될 수 있다. 종이를 카드 모양으로 만들고 이 기법을 사용하면 예쁜 카드를 만들 수 있다

▶ 기대 효과: 물감을 붙이고 뿌리면서 촉각자극을 제공하고, 누르고 찍으면 힘 조절 능력이 향상된다. 그리고 미세 손 기능과 협응 능력이 요구된다.

5) 분무기 페인팅

▶ 준비물: 분무기, 물, 물감, 식용색소, 커다란 흰 천, 종이, 신문지

▶ 놀이 방법: 물과 물감을 1:1로 섞어 분무기에 넣는다. 커다란 흰 천을 빨랫줄에 걸어 놓고 분무기에 든 물감을 뿌리면 피카소 같은 화가가 된다. 분무기에 여러 가지 색깔의 물감을 담은 후 빨랫줄에 걸어 놓은 신문지나 종이에 뿌린다. 물감이 마르면 멋진 포장지로 사용한다.

▶ 응용 방법: 물감 대신 식용 색소를 이용하거나 염료를 사용해도 된다. 신문지를 동그랗게 구겨서 공을 만들어 물감을 골고루 묻혀서 흰 천에 던지면 아동들이 매우 좋아한다.

▶ 기대 효과: 분무기에 물감을 넣어 물감을 뿌리므로 촉각이 제공되고, 손가락의 힘 조절이 향상된다. 어디를 어떤 곳에 뿌리느냐에 따라 모양이 달라지므로 공간적 조작능력과 창의력이 필요하다.

6) 발로 쿵쿵!! 발 도장 놀이

▶ 준비물: 신문지, 커다란 전지, 여러 가지 색깔의 물감, 쟁반, 헌 장화나 운동화, 헌 양말

▶ 놀이 방법: 신문지를 바닥에 넓게 펼쳐 놓는다. 그 위에 커다란 종이를 올려놓고 펴도록 해서 펴 놓는다. 물감을 여러 개의 쟁반 위에 색깔별로 쏟는다. 그 다음 발로 물감을 묻히고 커다란 전지 위에 발로 쿵쿵 구른다. 헌 장화나 운동화를 신고 발자국을 찍고, 헌 양말을 찍어도 재미있다. 나중에 깨끗이 청소할 수 있도록 미리 물티슈나 걸레를 준비해 둔다.

▶ 응용 방법: 커다란 전지 외에 노루지 같은 기름종이 위에 찍으면 미끌미끌하기 때문에 더욱 재미있다. 발 도장 말고 손 도장도 찍어보자.

▶ 기대 효과: 물감 묻은 발과 손을 종이 위에 찍으므로 깊은 촉각 자극이 제공된다. 발과 손으로 쿵쿵 찍어야 하기 때문에 근력과 자세조절 능력이 필요하다.

7) 파리채 물감 놀이

▶ 준비물: 물감, 전지 크기의 종이, 넓은 쟁반, 파리채

▶ 놀이 방법: 넓은 쟁반에 물감을 짠다. 파리채에 물감을 묻혀 큰 종이에 찰싹찰싹 때린다. 파리채의 격자 무늬가 예쁘기 때문에 격자 무늬가 뚜렷이 보이도록 때린다. 물감이 묻은 파리채를 물통에 씻어도 재미있다.

▶ 응용 방법: 종이를 바닥에 놓고 혹은 빨래 줄에 걸어서 쳐도 재미있다. 눈이 내리는 날 물감 묻은 파리채를 들고 눈 위에 때려봐도 재미있다.

▶ 기대 효과: 파리채에 물감을 묻히므로 촉각자극이 제공된다. 파리채를 종이에 때리므로 힘 조절과 상지의 운동 조절이 제공되고 향상된다. 이 활동을 하면 스트레스도 풀리고 감정이 해소된다.

8) 데굴데굴 물감 공 굴리기

▶ 준비물: 신문지, 전지 크기의 종이, 물감, 쟁반, 여러 가지 크기의 공(테니스 공, 말랑말랑한 공 등)

▶ 놀이 방법: 평평한 바닥이 있는 마루 혹은 마당에 신문지를 여러 장 넓게 펼쳐놓는다. 신문지 위에 커다란 전지를 여러 개 놓으므로 길게 펴 놓는다. 여러 개의 쟁반에 각각 다른 색깔의 물감을 담고, 물감이 담긴 쟁반에 공을 굴려서 물감을 묻힌 후 굴려본다. 통통 뛰는 공은 튕겨보고, 말랑말랑한 공은 종이 위에 살짝 눌러본다.

▶ 응용 방법: 종이를 넓고 길게 펴 놓을수록 더 재미있다. 멀리 굴릴 수도 있고, 넓게 공을 튕겨볼 수도 있다.

▶ 기대 효과: 공에 물감을 묻히므로 촉각이 제공되고, 공을 굴리고 튕겨봄으로서 신체의 자세 조절과 균형감각이 필요하다. 또한 손의 협응과 민첩성이 향상된다.

9) 거울에 내 모습 그리기

▶ 준비물: 전신 거울, 아크릴 물감, 안 쓰는 립스틱, 그림 붓, 신문지, 걸레, 물티슈

▶ 놀이 방법: 먼저 전신 거울 밑에 신문지를 두껍게 깔아 둔다. 바닥에 물감이 흘러 바닥에 얼룩이 지는 것을 막을 수 있다. 손가락에 물감을 찍어 거울에 그림을 그린다, 전신 거울이기 때문에 내 모습 크기대로 그리면 더욱 재미있다. 물감은 너무 묽으면 잘 그려지기 때문에 걸쭉한 아크릴 물감을 이용하면 좋다. 물감이 어느 정도 마르면 그림 붓으로 더욱 섬세하게 그려본다. 물감이 마르면 젖은 그림 붓으로 마른 물감을 찍어 더 자세하게 그림을 그린다. 그림을 다 그린 후 그림을 깨끗이 지운다. 물걸레나 물티슈에 세제를 살짝 묻혀서 닦으면 지울 때 유용하다.

▶ 응용 방법: 아크릴 물감 대신 안 쓰는 엄마의 립스틱으로 그려보면 그릴 때 손의 쥐는 힘에 립스틱의 질감이 느껴져서 아이들이 재미있어한다. 내 모습 이외에 다른 그림을 그려도 된다. 전신 거울이 없으면 작은 거울로 해도 된다.

▶ 기대 효과: 물감을 손에 묻혀서 그림을 그림으로 촉각이 제공되고, 전신 거울은 서서 그려야 함으로 자세 조절과 공간적 조작 능력이 제공된다. 손의 미세 손 기능과 협응 능력 또한 향상된다.

10) 과일 & 야채로 도장 찍기

▶ 준비물: 과도, 여러 종류의 야채와 과일, 물감, 도마, 스텐레스 쿠키 모양 틀, 스탬프 패드, 흰 도화지

▶ 놀이 방법: 준비한 야채와 과일을 반으로 잘라 동그란 모양, 타원형 등의 다양한 모양으로 만든다. 특히 감자는 약간 두께감 있게 잘라서 쿠키 모양 틀로 눌러서 원형, 사각형, 하트 무늬 등 다양한 모양으로 만든다. 모양을 파낸 야채와 과일을 물감이나 스탬프 패드에 찍은 후 도화지에 눌러 찍는다.

▶ 응용 방법: 야채와 과일을 자를 때 세로로도, 가로로도 자른다. 과도를 사용시에는 아이들의 손이 다치지 않도록 잘 지도해야 한다.

▶ 기대 효과: 야채와 과일을 물감과 스탬프를 찍으므로 촉각 자극이 제공되고, 야채와 과일을 자르고 모양 틀에 찍어내므로서 손의 정확성과 양손 협응 능력이 요구된다. 과도를 이용하므로 집중력과 눈-손 협응이 필요하다.

11) 밀가루 반죽 놀이

▶ 준비물: 밀가루, 큰 그릇, 물, 밀대, 물감, 쿠키 모양 틀

▶ 놀이 방법: 그릇에 밀가루를 담고 물을 섞어 밀가루 반죽을 만든다. 밀가루 반죽을 밀대로 평평하게 민 다음 동그라미, 세모, 네모, 동물 모양의 쿠키 틀로 눌러 찍는다. 밀가루를 길게 꼬아서 꽈배기도 만들고 빵처럼 동그랗게 굴려도 본다.

▶ 응용 방법: 밀가루를 손으로만 반죽하지 말고, 큰 통에 담아서 발로 쿵쿵 눌러서 반죽하면 더욱 재미있다(그전에 발은 깨끗하게 씻고 수행한다). 반죽한 밀가루를 여러 덩어리로 나누어 물감을 섞으면 색깔있는 반죽이 되고 다양한 모양으로 만들면 더욱 재미있다.

▶ 기대 효과: 밀가루를 손과 발로 반죽하므로 깊은 촉각이 제공되고, 모양틀에 모양을 찍어내고 빵 같은 모양을 만들어 내므로 미세 손 기능이 향상되고 손의 힘의 세기가 향상된다. 발로 반죽할 때는 전신의 자세 조절과 양발의 협응이 필요하다.

12) 지점토로 동물 만들기

▶ 준비물: 지점토, 다양한 비즈, 이쑤시개, 빨대, 클립, 압정

▶ 놀이 방법: 하얀 지점토를 주물러서 동그랗게 약간 타원형의 공 모양을 여러 개 만든다. 한 개의 지점토 공 앞쪽에는 두 개의 비즈를 꽂아 눈처럼 만들고, 등 위에 이쑤시개를 많이 꽂아 고슴도치를 만든다. 다른 지점토 공 위에 비즈를 다양하게 꽂아 성게처럼 만들고, 또 다른 지점토 공의 양 옆에 빨대를 꽂아 꽃게의 다리처럼 표현하고 공 위에는 비즈를 꽂으면 더욱 예쁘다. 이때 빨대는 일자형보다는 꺾이는 빨대를 사용하면 더욱 좋다.

▶ 응용 방법: 지점토 대신해서 밀가루나 찰흙을 사용해도 된다. 비즈, 이쑤시개, 빨대를 대신해서 클립, 압정, 빼빼로 같은 과자를 이용해도 좋다.

▶ 기대 효과: 지점토를 주무르고 반죽하므로 깊은 촉각이 제공되고, 지점토 공을 생물의 형태로 만들므로 미세 손기능과 협응, 공간적 조작, 창의력이 향상된다.

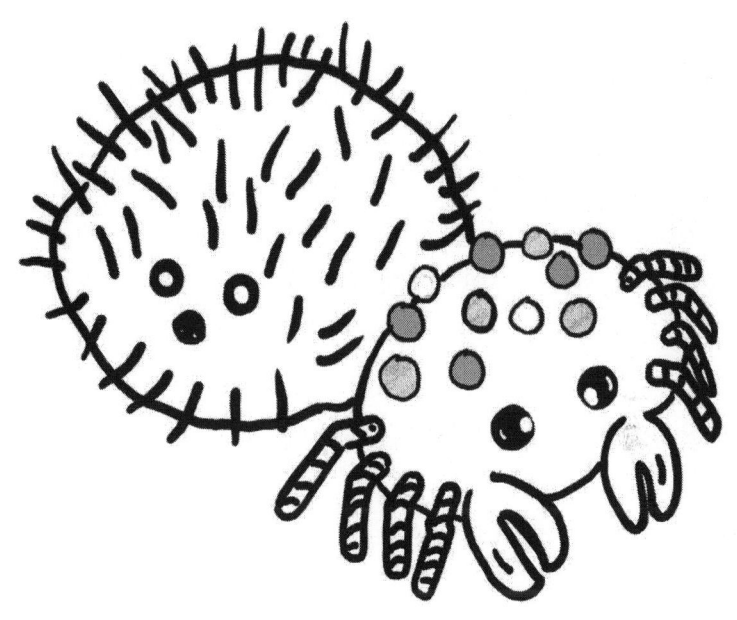

13) 국수 부수기 놀이

▶ 준비물: 국수, 비닐, 우산, 큰 대야, 가위

▶ 놀이 방법: 바닥에 비닐을 깔아주고 아동들이 비닐 위로 올라앉고 국수를 뿌려준다. 마른 국수를 손으로도 부수고, 발로 밟아서 부순다. 아동에게 우산을 주고 펴서 서게 하고 우산 위로 잘게 부순 국수를 뿌려주면 국수 비가 내려 아동들이 매우 좋아한다. 잘게 자른 국수를 큰 대야에 던져 넣어 모으고, 물을 조금씩 뿌려 반죽하여 밀가루 반죽을 만든다.

▶ 응용 방법: 여러명의 아동들을 그룹으로 놀이하면 서로의 시너지가 생겨 더욱 재미있다. 국수를 손으로 잘라도 되지만, 가위로 자르면 가위질 연습도 되고 재미있다. 잘게 자른 국수가 아이의 눈에 들어가지 않도록 조심하자.

▶ 기대 효과: 국수를 잘게 자르므로 깊은 촉각이 제공되고, 손과 발의 세기조절과 근력이 요구된다. 자른 국수를 큰 대야에 던져서 넣어야 하기 때문에 상지의 타이밍과 민첩성 그리고 정확성이 요구된다. 가위질 하면서 손의 양측협응과 눈-손 협응이 향상된다.

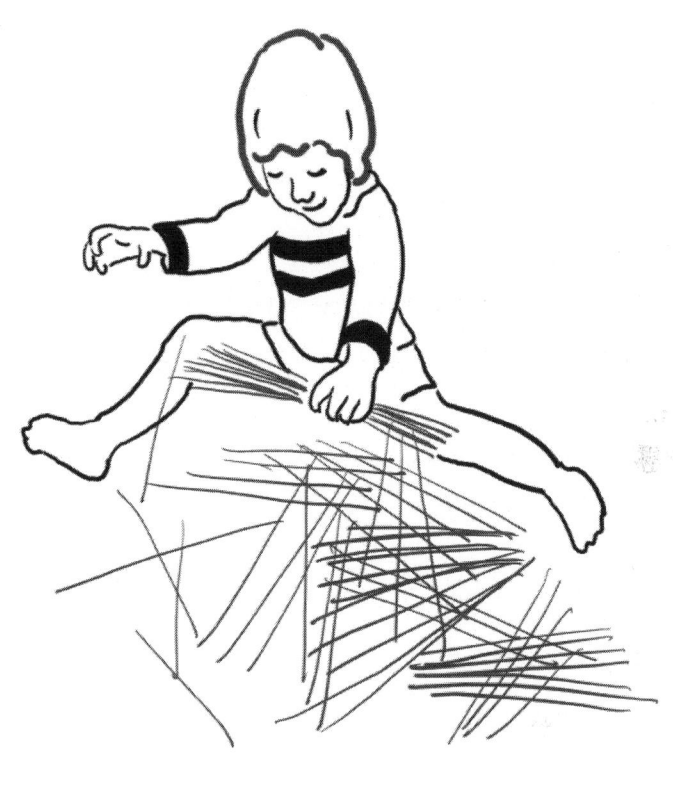

14) 방울방울~ 비눗 방울 놀이

▶ 준비물: 비눗방울 액, 여러 가지 비눗방울 불기 장난감, 비닐, 신문지, 길쭉한 투명한 패트병, 빨대, 벽 거울

▶ 놀이 방법: 비눗방울 액에 비눗방울 불기 장난감을 이용하여 불고, 날라다니는 비눗방울을 터트려 본다. 이리저리 움직이면서 하면 더욱 재미있다. 길쭉한 큰 통에 비눗방울 액을 담고 빨대를 집어넣고 불면 비눗방울이 보글보글 올라오는 것을 볼 수 있다. 야외에서 하면 상관없지만 집안에서 이 놀이를 할 경우 바닥에 비닐과 신문지를 깔고 하면 청소하기에 편하다.

▶ 응용 방법: 벽 거울을 바닥에 내려놓고, 비눗방울을 거울에 묻혀놓는다. 비눗방울을 거울 위에 불면 비눗방울이 터지지 않고 뭉게구름처럼 쌓이게 된다. 나중 산처럼 쌓인 비눗방울을 터트려 보면 매우 재미있다.

▶ 기대 효과: 비눗방울을 손으로 터트려 봄으로써 촉각이 제공되고, 이리저리 움직이면서 터트려야 하기 때문에 대근육의 방향 조절과 균형능력이 필요하다. 불기를 통한 강한 구강운동조절 능력이 요구되고 향상된다.

"에듀컨텐츠·휴피아
Educontents·Huepia"

2. 고유감각 놀이

1) 장애물 달리기

▶ 준비물: 고깔 10개, 화살표 색 테이프, 성인 남자 구두, 큰 공, 큰 주걱, 축구공 크기의 공

▶ 놀이 방법: 고깔을 일직선으로 한 줄로 10개씩 놓고, 고깔 사이에 지그재그 방향으로 화살표를 바닥에 붙인다. 아동들은 고깔의 사이를 지그재그로 이동하면서 걸어간다. 처음에는 걸어가게 하고, 두 번째는 뛰기, 세 번째는 점프! 점프! 하면서 지나간다.

▶ 응용 방법: 장애물 달리기의 응용 방법은 다양하다. 아동들의 발에 어른 신발을 신고 걸어가기를 하고, 큰 공을 굴리면서 이동하고, 큰 주걱으로 축구공을 굴리면서 가면 난이도를 올릴 수 있다.

▶ 기대 효과: 고깔 사이를 지그재그로 지나가면서 몸의 균형과 방향조절 그리고 신체의 협응이 요구되고, 고유감각이 제공된다. 공을 굴리면서 이동하면, 눈-손 협응과 높은 운동 조절 능력이 요구된다.

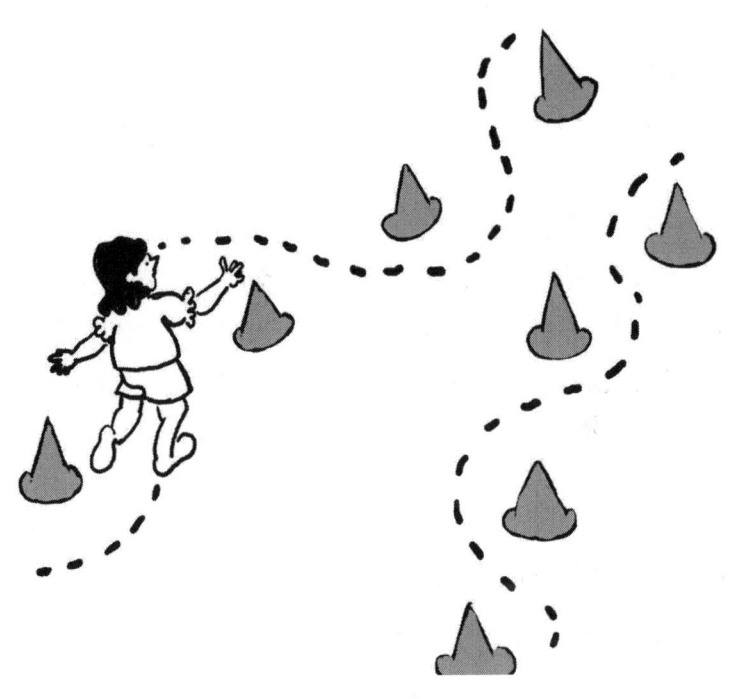

2) 바다낚시

▶ 준비물: 평균대 4~5개, 종이(두꺼운 종이) 물고기(입 앞에 클립을 끼움) 20~30개, 고무줄에 말굽자석이 달린 막대기 (아동 수만큼), 바구니(아동 수만큼), 젠가 보드게임

▶ 놀이 방법: 입에 클립이 끼워진 종이 물고기를 평균대 안에 풀어놓고, 아동들은 자신들이 서고 싶은 평균대 위치에 선다. 선생님은 절대로 평균대 안에 들어가지 못한다는 규칙을 얘기해 준다. 아동들은 각자 자신의 물고기를 낚시대로 낚아서 본인 뒤에 있는 바구니에 물고기를 담는다. 잡은 물고기를 한데 모아서 불에 구워 먹는 놀이를 한다.

▶ 응용 방법: 평균대 개수가 많으면 많을수록 좋다. 3개의 평균대는 세모 모양, 4개의 평균대는 네모 모양, 5개의 평균대는 오각형 모양의 어항이 된다. 상지의 힘이 적고 클립을 맞추기 어려워 하는 아동들을 위해 물고기에 클립을 많이 꽂아두면 된다. 난이도를 높이고 싶으면 아동들이 정지 자세에서 물고기를 잡는 것이 아니라, 평균대 위치를 계속 옮겨 가면서 잡도록 유도하면 된다. 잡은 물고기를 구울 장작나무는 젠가 보드게임의 블록을 사용하면 된다.

▶ 기대 효과: 평균대에 올라 균형을 잡고, 물고기를 잡기 위해 평균대 위를 이동하므로 균형감각이 요구되면서 고유감각이 제공된다. 물고기 입에 클립을 끼우고, 낚시대로 물고기를 잡으므로 상지근육의 협응과 미세 손기능이 향상된다.

3) 소방관 놀이

▶ 준비물: 아동용 사각 수영장 튜브(클수록 더욱 재미있음), 바가지, 양동이, 풍선, 가위

▶ 놀이 방법: 이 놀이는 야외에서 해야 한다. 아동들은 수돗가에서 바가지 혹은 양동이에 물을 담고 거리가 있는 곳의 수영장 튜브에 물을 쏟아붓는다. 수영장에 물이 다 차면 이 놀이는 끝이 난다. 풍선에 물을 담고 물풍선을 만들어 이동하여 수영장에 던지면 더욱 재미있다. 풍선을 많이 던졌으면 수영장에 들어가 가위로 풍선을 터트려 본다.

▶ 응용 방법: 평지에서 해도 되지만, 소방관이 사다리를 타고 올라가듯이 수영장 옆에 매트를 계단처럼 쌓아 올려 계단 올라가서 물을 부으면 더 역동적일 것이다. 아동의 운동기능과 근력 상태에 따라 이동 거리를 조정하면 좋다.

▶ 기대 효과: 물을 들고 이동하면서 근력이 강화되고, 신체의 자세조절과 균형감각이 향상되므로 고유감각이 제공된다. 바구니, 양동이와 풍선을 꼭 쥐고 이동해야 하므로 손의 쥐기 능력과 장악력이 향상된다.

II. 감각통합 놀이의 실제편 | 55

4) 돌~ 돌~ 김밥 말이

▶ 준비물: 몸 전체를 덮을 수 있는 큰 담요 혹은 천, 여러 색깔의 뱁업 봉

▶ 놀이 방법: 담요를 바닥에 펴고, 한 아동을 담요 끝에 눕혀 놓는다. 다른 아이들은 조심스럽게 담요를 돌 돌 만다. 돌 돌 말 때 김밥 말듯이 중간, 중간 꾹 꾹 눌러준다. 담요를 모두 말았으면 담요 끝을 잡아당겨 쭉~ 펴준다. 김밥을 말 때 색깔 있는 뱁업 봉(노란색은 단무지, 주황색은 당근, 초록색은 시금치 등, 갈색은 우엉 등)을 집어넣고 말면 김밥 속 재료가 된다.

▶ 응용 방법: 담요 말고 두툼한 이불을 사용하면 더욱 포근한 느낌이 든다. 김밥 말고 햄버거 놀이는 매트 2개를 준비해서 매트를 바닥에 깔고, 그 위에 아이들이 눕고, 뱁업 봉, 베게, 쿠션 등을 끼워 넣는다. 그리고 다시 그 위에 매트를 올리면 햄버거가 된다. 이 놀이를 할 때 불안감을 느끼는 아동이 있는지 확인하고, 압력으로 호흡에 어려움이 없는지 주의해야 한다.

▶ 기대 효과: 담요를 말면서 강한 고유감각이 제공된다. 담요를 굴리기 때문에 몸의 바로 눕기의 신전 자세(뻗기 자세)를 잘 유지하고, 몸의 균형을 잘 잡고 있어야 한다.

5) 훌라우프 점프! 점프!

▶ 준비물: 튼튼한 훌라우프 3개~5개, 터널

▶ 놀이 방법: 훌라우프 여러 개를 바닥에 일 자로 여유를 두고 펼쳐놓고 아동들은 훌라우프 사이를 점프한다. 다음에는 여러 아동들이 훌라우프를 세워서 잡고 남은 아동은 훌라우프 공간 사이를 이동한다. 서로 돌아가면서 이동해 본다. 두 명의 아동들이 멀리 떨어져서 훌라우프를 굴려서 다른 아동에게 넘긴다.

▶ 응용 방법: 훌라우프 사이를 점프해서 이동할 수 있지만, 점프 능력이 부족한 아동은 건너뛰기를 하면 된다. 아동의 신체 능력에 따라 훌라우프 공간 사이를 조정해 준다. 만약 감각통합 치료실 같은 천장에 고리가 있는 곳에서 논다면, 훌라우프를 끈으로 묶어서 고리에 매달아 놓는다. 매달린 훌라우프 사이에 터널을 넣으면 터널이 오르락 내리락 되어진다. 이때 아동들은 터널 속으로 들어가 이동한다. 이때 훌라우프를 너무 높이 달면, 훌라우프가 늘어질 수가 있다.

▶ 기대 효과: 훌라우프 사이를 점프하므로 두 발의 동시 동작 수행능력과 점프 능력 그리고 신체의 탄력성이 향상된다. 이에 고유감각이 제공된다.

6) 몸 시소 놀이

▶ 준비물: 매트

▶ 놀이 방법: 둘씩 짝을 이룬다. 두 아동들이 짝을 지어 서로 등을 대고 선다. 등 댄 상태로 두 팔을 끼고, 구령 소리에 맞추어 한 명씩 번갈아 가면서 앞으로 굽히면서 동시에 등 위에 친구를 들어 올린다. 안전을 위해 매트 위에서 하면 좋다.

▶ 응용 방법: 들어 올리는 시간을 달리하여 난이도를 조정할 수 있고, 짝지어진 아동들이 쭉 늘어서서 서로 번갈아 가면서 서로 간의 친밀도를 높여준다. 단 비슷한 키와 체중의 아이가 짝이 되도록 주의해야 한다.

▶ 기대 효과: 상대방의 친구를 들어 올리므로 신체의 근 긴장도와 근력과 자세 조절이 향상되고 고유감각이 제공된다. 아동들 서로 간의 협동이 되어야 하므로 사회적 상호작용이 향상된다.

7) 방석 징검다리

▶ 준비물: 방석 여러 개

▶ 놀이 방법: 방석을 뛰엄뛰엄 흩어 놓고, 아동들이 줄 세워 둔 후에 한 사람씩 방석 위로 징검다리 삼아 폴짝폴짝 점프 한다. 앞과 뒤 방석은 한 개씩 놓고, 중간 방석은 높낮이를 달리하게 여러 개 올려놓는다.

▶ 응용 방법: 방석을 처음에는 일렬로 놓고, 그 다음에는 둥글게, 세모, 네모의 모양을 갖추어 징검다리를 하면 좋다. 방석을 주사위 판 삼아서 인간 말판이 되어 여러 명이서 같이 주사위 게임 해보면 더욱 재미있다.

▶ 기대 효과: 방석 징검다리를 점프하면서 두 발의 협응과 신체조절능력이 향상되고 고유감각이 제공된다. 징검다리로 주사위 게임을 하면 수세기 능력과 집중력 그리고 문제 해결 능력 같은 인지능력이 향상된다.

8) 터널에서 공굴리기

▶ 준비물: 터널 두 개, 여러 개의 공, 끈이 달린 종이박스

▶ 놀이 방법: 터널 두 개를 일렬로 놓는다. 한쪽 터널에서 공을 놓고 아동들은 공을 잡고 터널 속으로 들어간다. 두 개의 터널을 다 통과하면 박스에 공을 집어 넣는다. 공을 다 옮길 때까지 반복한다. 박스에 공이 다 차면 다른 아동과 함께 박스 끈을 잡고 터널 출발점으로 이동한다. 다른 아동이 공을 잡고 터널 속으로 이동한다.

▶ 응용 방법: 터널을 양옆으로 놓고 해도 되고, 박스의 공을 이동할 때 아동을 박스에 태우고 다른 아이가 박스 끈을 잡아당겨서 끌고 가면 강한 고유감각이 입력된다. 마무리할 때 터널을 세워서(선생님이 터널을 잡아줌) 터널을 농구대 삼아 공을 던지고 마무리하면 재미있다.

▶ 기대 효과: 터널 속을 네발 기기하면서, 자세조절과 두 손과 두 발의 양측협응과 고유감각이 제공된다. 공을 이동하면서 가기 때문에 신체의 협응이 요구된다. 공이 든 박스를 잡아당기고 끌면서 근력의 세기가 향상된다. 터널 농구대에 공을 골인함으로 집중력과 상지의 정확성이 향상된다.

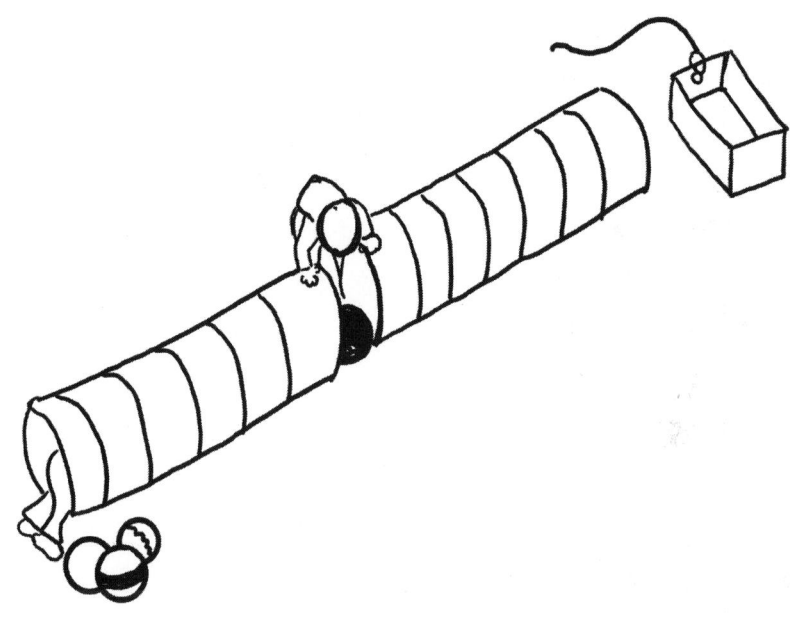

9) 발가락으로 전달! 전달!

▶ 준비물: 크기가 다른 양말 여러 개, 박스

▶ 놀이 방법: 박스 주변에 양말을 뿌려 놓는다. 아이들은 발가락으로 양말을 집어서 박스에 집어넣는다. 함께 협동놀이를 해도 되고, 박스를 아동 수만큼 놓고 경쟁 놀이를 해도 된다.

▶ 응용 방법: 박스의 크기와 높이를 달리해서 난이도를 조정한다. 박스의 크기가 크고 높이가 낮으면 넣기가 편하고, 박스의 크기가 작고 높이가 높으면 넣기가 어려워 난이도가 올라간다. 양말의 크기도 큰 양말과 작은 양말로 다양해지면 난이도가 달라진다.

▶ 기대 효과: 한 발로 균형을 잡고, 한 발로 양말을 잡아야 하기 때문에 높은 균형능력과 자세조절과 발가락 쥐기 능력이 요구된다. 이에 고유감각이 제공된다.

10) 풍선 놀이

▶ 준비물: 풍선 여러 개, 보자기 천, 줄넘기

▶ 놀이 방법: 풍선으로 다양한 놀이를 할 수 있다. 한 아동은 보자기 천을 허리에 묶고, 다른 아동은 풍선을 던져 다른 아동의 보자기에 골인하는 풍선 농구 놀이를 한다. 줄넘기 줄을 바닥에 놓는다. 아동들은 다리 사이에 풍선을 집어넣고 풍선이 빠져나오지 않게 뒤뚱뒤뚱 걸어가면서 줄을 따라 건넌다. 줄을 가운데 양옆으로 두 사람이 잡고, 양옆으로 아동들을 나눈다. 그리고 풍선 배구 놀이를 한다. 한쪽에서 풍선을 쳐서 넘겨 상대측에서 다시 넘기기를 하면 되는데 넘기지 못하고 바닥에 떨어지면 풍선을 친 쪽에서 점수를 획득한다.

▶ 응용 방법: 풍선 농구에서 거리 조정을 통해 난이도를 조정할 수 있다. 줄을 처음에는 일자로 놓고, 그 다음은 꼬불하게 놓자. 풍선 배구는 줄 높이를 조절하므로 난이도를 조정할 수 있다.

▶ 기대 효과: 풍선 농구 놀이를 하면서 집중력과 상지의 정확성이 향상되고, 풍선을 다리에 끼고 걸으므로 하지의 균형과 협응이 요구된다. 풍선 배구 놀이를 통해 점프 능력과 민첩성, 상지의 치기 능력이 향상된다. 이를 통해 고유감각이 입력이 된다.

11) 엉금~ 엉금~ 나는야 거북이

▶ 준비물: 골판지를 이어 붙여 만든 원형 상자 2개(아동이 들어갈 수 있는 크기), 매트 2개(큰 것, 작은 것)

▶ 놀이 방법: 큰 매트를 깔고 그 위에 작은 매트를 올린다. 아동을 골판지 통에 넣고 통을 밀면서 앞으로 이동한다. 두 명의 아동이 동시에 같이 이동하면 더 재미있다. 작은 매트 위로 장애물을 만들어 아이가 매트 위로 올라가기 위해 힘을 더 쓰면서 이동한다. 이 놀이의 규칙은 아동이 서면 안되고, 다리로 쪼그려서 엉금엉금 움직이도록 한다.

▶ 응용 방법: 골판지를 크게 만들어 두 아동이 같이 들어가서 이동한다. 협력해서 함께 이동하기 때문에 서로의 움직임을 생각하면서 이동하게 된다. 작은 매트의 높낮이를 달리하여 난이도를 조정한다.

▶ 기대 효과: 쪼그려서 엉금엉금 이동하기 때문에 신체의 힘 세기와 협응, 균형감각, 운동 조절 능력이 요구되고 고유감각이 제공된다.

12) 수건 잡아당기기

▶ 준비물: 크고 튼튼한 수건, 줄넘기

▶ 놀이 방법: 아동들을 둘씩 짝을 지어놓고 서로 마주보고 수건을 잡아당긴다. 서로 이기고 지는 승부에 집착하기 보다는 수건을 놓쳐 뒤로 '벌렁' 넘어지는데 즐거움을 느낄 수 있도록 유도한다. 수건 대신에 튼튼하고 굵은 줄넘기 줄이 있어면 여러 명이 함께 당겨본다.

▶ 응용 방법: 한 명은 수건에 앉아 수건을 잡고, 다른 한 명이 수건을 끌고 다녀 썰매 수건 놀이를 한다.

▶ 기대 효과: 수건과 줄을 잡아당기므로 손의 장악력과 자세 조절 능력이 필요하고 고유감각이 제공된다.

13) 후~ 후~ 불기 놀이

▶ 준비물: 큰 천 또는 보자기, 솜 공, 탁구공

▶ 놀이 방법: 큰 천 또는 보자기를 가운데 두고 여러 명의 아동들이 둘러앉는다. 두 손으로 보자기를 잡고 허리높이로 들어 올린다. 보자기 위에 솜 공을 올려다 놓고 후~ 후~ 불면서 솜 공을 상대편으로 이동시킨다. 탁구공을 책상 위에 놓고 양옆으로 두꺼운 책을 양옆으로 높고 탁구공이 밖으로 벗어나지 않도록 한다. 불기로 탁구공을 이동시켜 본다.

▶ 응용 방법: 솜 공과 탁구공을 보자기 위에 올려놓고, 보자기를 위로 펄럭거려 공을 올리는 활동을 한다. 이때 바닥에 떨어뜨리지 않도록 아동들이 서로 협력해야 한다.

▶ 기대 효과: 솜 공과 탁구공을 불면서, 불기를 통한 강한 구강 운동 조절 능력이 요구되고 향상된다. 보자기 천을 균형감 있게 잡아당기므로 힘 조절과 쥐기능력이 향상된다. 이를 통해 고유감각이 제공된다.

에듀컨텐츠·휴피아
CH Educontents·Huepia

3. 전정감각 놀이

1) 그네 타기

▶ 준비물: 놀이터 그네, 볼링핀, 고리와 고리대

▶ 놀이 방법: 놀이터의 그네에 아동이 탄다. 그네를 앞·뒤로 타면서 앞에 세워 놓은 볼링핀을 발로 타이밍에 맞춰서 쓰러뜨린다. 그네 타는 아동 앞에 다른 아동이나 선생님이 고리를 준다. 고리를 손으로 받는 것이 아니라 발로 고리를 낚아챈다. 고리를 오른쪽·왼쪽 발로 번갈아 가면서 주고받는다. 고리를 발로 다 받으면, 다리를 움직여서 신나게 바닥에 떨어뜨린다.

▶ 응용 방법: 그네를 앉아서, 엎드려서, 서서도 타도 된다. 볼링핀과 바구니의 거리 조정으로 난이도를 조정한다.

▶ 기대 효과: 그네를 타므로 균형감각과 자세조절 능력이 필요하고 전정감각이 제공된다. 볼링대와 고리를 다리로 차고 받으면서 타이밍과 리듬감 그리고 민첩성이 향상된다.

2) 통나무 굴리기

▶ 준비물: 매트, 이불, 볼링핀

▶ 놀이 방법: 매트 위에 아동이 눕는다. 팔이 다치지 않도록 팔짱 끼기를 한다. 한 아동이 누워있는 아동을 굴려준다. 굴러가는 아동은 인간 통나무가 되어서 앞에 있는 볼링핀을 쓰러뜨린다.

▶ 응용 방법: 이불을 두께감 있게 깔고 그 위에 매트를 올려 약간의 경사도를 만든다. 경사로가 된 매트 위를 굴려서 내려온다. 볼링핀 위치와 개수를 조정해서 난이도를 조정한다.

▶ 기대 효과: 몸 전신을 굴리면서 자세조절과 방향성, 민첩성이 향상된다. 이 활동을 통해 전정감각이 제공된다.

3) 트램폴린 놀이

▶ 준비물: 트램폴린, 풍선, 끈

▶ 놀이 방법: 아동은 트램폴린의 위·아래로 열심히 뛴다. 트램폴린 위에 풍선을 끈으로 매달아 천장에 붙인다. 트램폴린 위를 뛰면서 풍선 치기를 한다. 풍선 높낮이를 다르게 하여 치기 놀이하면 더욱 재미있다. 여러 번 풍선을 친 후에는 뛰면서 풍선을 잡아당겨서 천장에서 떨어뜨린다.

▶ 응용 방법: 트램폴린에서 점프하면서 회전을 한다. 45도 돌기, 90도 돌기, 180도 돌기를 한다. 또한 트램폴린에서 뛰면서 날라오는 풍선 치기를 하고, 박수를 치고, 앞에 있는 아동과 하이파이브 한다.

▶ 기대 효과: 트램폴린을 뛰면서 균형감각과 탄력성, 근 긴장도 조절 능력이 필요하다. 이 활동을 통해 전정감각이 제공된다. 트램폴린에서 뛰면서 풍선을 치거나 잡아당기거나, 박수를 치거나, 하이파이브를 치는 동작은 양손과 양발의 협응이 필요하고 타이밍과 리듬감 그리고 민첩성이 필요하다. 회전 동작을 위해서는 운동 조절과 방향성이 요구된다.

4) 세차장 놀이

▶ 준비물: 스쿠터 보드, 신문지, 매트 2개(세차장)

▶ 놀이 방법: 매트 두 개를 위에 겹쳐 세워 놓는다. 매트 세차장 앞에는 두 아동이 신문지를 들고 있는다. 매트 반대편에 한 아동은 스쿠터에 엎드려서 매트 세차장을 힘차게 통과하여 신문지를 찢으면 통과한다. 신문지를 통과하면 신문지 들고 있는 아동들과 '하이파이브'를 한다.

▶ 응용 방법: 스쿠터 보드를 기본적으로 엎드려서 타는 것을 추천하지만, 근력이 약한 아동은 앉아서 타도 된다. 신문지를 여러 번 통과하게 하여 난이도를 조정한다. 매트를 세워 세차장에 통과하는 것 같아 좋지만 없어도 무방하다. 신문지가 안 찢어지면 성취감이 줄어들기 때문에 신문지 위쪽을 살짝 찢어놓아 잘 찢어지게 한다.

▶ 기대 효과: 스쿠터를 타면서 전정감각이 제공된다. 엎드린 자세를 취해야 하고 속도감있게 밀어야 하기 때문에 자세조절과 민첩성, 타이밍과 리듬과 근력과 운동 조절 능력이 향상된다. 신문지가 찢어질 때 성취감을 느낀다.

5) 타이어 배 타기

▶ 준비물: 타이어 그네, 스쿠터 보드

▶ 놀이 방법: 감각통합치료실에 있는 타이어 그네를 매달지 않고 바닥에 눕힌다. 아동이 타이어에 앉는다. 다른 아동이 타이어를 뒤에서 밀거나 앞에서 타이어에 끈을 묶어 잡아당기면서 앞으로 전진한다.

▶ 응용 방법: 타이어를 타는 아동은 수동적으로 타기 때문에 능동적으로 타이어 배를 밀기 위해서는 타이어 그네 밑에 스쿠터 보드를 놓는다. 그다음 아동이 타이어 배를 막대기로 노를 저으면서 이동할 수 있다.

▶ 기대 효과: 이 활동에서 타이어 배를 탄 아동은 전정감각이 제공되고, 타이어를 미는 아동은 고유감각이 제공된다. 타이어 배를 스스로 노를 저으면서 간다면 상지의 근력강화와 조절능력 그리고 손의 쥐기능력이 향상된다.

6) 스쿠터 보드 놀이

▶ 준비물: 스쿠터 보드, 퍼즐, 고리와 고리대, 긴 밧줄

▶ 놀이 방법: 아동들이 스쿠터 보드에 엎드리기 혹은 앉아서 열심히 공간을 돌아다니게 한다. 아동들은 바닥에 펴져있는 퍼즐 조각들을 모아서 퍼즐 판에 집어서 퍼즐을 완성한다. 퍼즐 이외에 고리를 뿌려 놓고 아동은 이동하면서 고리대에 고리를 꽂는다. 이 놀이를 할 때는 퍼즐과 고리를 한꺼번에 집어오지 않고 한 번에 한 개씩 퍼즐판과 고리대에 넣도록 한다.

▶ 응용 방법: 퍼즐 조각과 고리대의 위치를 넓게 놓을수록 스쿠터 보드에 이동하는 시간이 길어진다. 벽 양쪽 끝에 밧줄을 팽팽하게 잡아주고 아동이 스쿠터 보드를 타면서 줄을 잡아끌면서 타면 재미있다.

▶ 기대 효과: 스쿠터 보드에 엎드리기 혹은 앉은 자세를 타면서 자세조절과 근 긴장도 조절이 필요하다. 이 활동으로 전정감각이 제공된다. 퍼즐을 맞추므로 시지각과 집중력과 문제 해결능력 같은 인지능력이 향상된다. 밧줄을 잡고 이동하므로 손의 장악력과 쥐기능력이 향상된다.

7) 줄넘기

▶ 준비물: 줄넘기

▶ 놀이 방법: 줄넘기를 잡고 줄넘기를 한다. 친구와 동시에 뛰어서 누가 더 많이 뛰는지 경쟁 놀이도 한다. 긴 줄넘기를 양 쪽에서 두 명의 아동이 돌리고 한 아동이 줄을 넘는다. 숫자 구호를 외치면서 줄을 넘는다. 5회 이상 넘어가면 다른 아동이 줄을 넘는다. 이것이 잘 되면 '꼬마야 꼬마야 줄을 넘어라' 노래에 맞추어 동작을 하면서 줄넘기를 한다.

▶ 응용 방법: 줄넘기가 잘되면, X선을 만들어 돌리기를 시도해본다. 긴 줄넘기는 '꼬마야 꼬마야' 동작을 해도 되고, 안되면 숫자 구호를 붙이면서 줄넘기를 뛰어넘는다. 혼자하는 것이 잘 되면 여러명이 들어가서 협동으로 줄을 넘는다.

▶ 기대 효과: 타이밍에 맞춰 줄을 넘어야 하기 때문에 리듬감과 타이밍 그리고 신체 조절능력, 신체의 협응능력이 필요하다. 점프하면서 전정감각이 제공된다. 단체로 하면 협동성이 필요하다.

8) 로션 스케이트 놀이

▶ 준비물: 로션(큰 용량), 비닐, 박스

▶ 놀이 방법: 바닥에 비닐을 깔고, 로션을 많이 뿌려 놓는다. 아동은 양말을 벗고 비닐 위 바닥 위에 로션을 발로 문지른다. 문지르면서 로션 스케이트를 탄다. 친구들과 손을 잡고 움직여도 되고 두 손을 잡고 빙글빙글 돌아도 된다. 박스를 바닥에 깔고 그 위에 아동이 앉아서 다른 아동이 손을 잡고 가면 재미있는 썰매가 된다.

▶ 응용 방법: 로션 스케이트를 열심히 탄 후에 물감을 가져와 로션과 물감을 섞어본다. 그리고 발로 문질러 보고 전지위에 발 도장을 찍어본다. 미끌미끌 발 도장 느낌이 더욱 재미있다. 스케이트를 타다가 넘어져서 다치지 않도록 주의한다.

▶ 기대 효과: 로션 스케이트를 타면서 전정감각이 제공된다. 중심을 잡아야 하므로 강한 균형감각과 자세조절이 필요하다.

9) 미끄럼틀 놀이

▶ 준비물: 놀이터의 미끄럼틀, 볼링핀, 종

▶ 놀이 방법: 놀이터의 미끄럼틀 위에서 쭉~ 내려와서 아래에 세워둔 볼링핀을 발로 쓰러뜨린다. 미끄럼틀 올라갈 때 계단으로 올라가지 말고 미끄럼틀을 역주행해서 올라간다. 볼링핀 말고 내려와서 종을 쳐도 재미있다.

▶ 응용 방법: 실내 미끄럼틀을 이용할 때는 미끄럼틀 끝 지점을 볼풀통 안으로 넣어두어 아동이 볼풀통으로 떨어지게 하면 아동들은 너무 재미있어 한다.

▶ 기대 효과: 미끄럼틀을 타고 내려오면서 전정감각이 제공된다. 미끄럼틀을 역주행해서 올라가면 고유감각이 제공된다. 미끄럼틀 타고 내려와 볼링핀과 종을 칠 때 타이밍과 리듬감이 필요하고 신체의 조절 능력과 집중력이 필요하다.

10) 달리는 버스

▶ 준비물: 6개의 스쿠터 보드, 매트, 테이프

▶ 놀이 방법: 스쿠터 보드 6개를 직사각형 형태로 모아놓고 서로 떨어지지 않도록 테이프로 붙인다. 그 위에 매트를 올리고 아동들이 올라탄다. 아이들을 큰 매트 위에서 손 또는 막대기로 매트를 민다. 다 함께 타면 더욱 재미있다.

▶ 응용 방법: 목표를 지정을 두고 매트 버스를 타면 재미있다. 예를 들어 버스 정류장을 지정해서 목표지점을 주면 아동들에게 더욱 동기부여가 된다. 버스 정류장을 여러 곳에 두어 아동들이 오랫동안 버스를 이동시키게 한다.

▶ 기대 효과: 매트 버스 위에 중심을 잡고 앉아있어야 하므로 균형감각과 힘 조절이 필요하다. 매트를 이동하면서 전정감각이 제공된다. 매트를 이동하기 위해 막대기로 노를 저어야 하기 때문에 손의 장악력과 쥐기능력 그리고 운동 조절능력이 필요하다.

11) 시소 놀이

▶ 준비물: 놀이터 시소, 고리와 고리대

▶ 놀이 방법: 놀이터의 시소에 두 명의 아동이 각각 탄다. 무게 중심이 잘 맞도록 위치를 잘 잡는다. 아동은 서로 번갈아 오르고 내리면서 중심을 이동하면서 탄다. 시소에서 균형이 잘 맞으면 시소를 타면서 선생님이 주는 고리를 받아서 고리대에 넣으면서 탄다.

▶ 응용 방법: 시소는 주로 앉아서 타고, 앞에 손을 잡고 타야 하지만, 균형을 잘 잡고 넘어지지 않으면 올라갈 때 손을 번쩍 들었다 빨리 다시 잡는다. 균형감각이 너무 좋으면 서서도 탈 수 있다. 이때는 세게 타지 말고 천천히 중심 이동하는 것을 느끼면서 탄다. 다치지 않도록 주의한다.

▶ 기대 효과: 시소를 타고 오르락 내리락 하면서 전정감각이 제공된다. 중심을 잡아야 하기 때문에 균형감각과 자세조절 능력이 요구된다. 앞에 손잡이를 잡으면 손의 장악력과 쥐기 능력이 향상된다.

12) 큰 공 타기 놀이

▶ 준비물: 큰 공, 블록, 고리와 고리대

▶ 놀이 방법: 큰 공 위에 아동은 앉는다. 선생님이 공의 중심 잡는 것을 도와주고 아동은 중심을 잡으면서 몸을 위·아래로 움직인다. 아동은 공 위에 엎드리고, 선생님은 아동의 골반을 잡아주고 앞·뒤로 움직인다. 앞으로 나갈 때 바닥에 짚어본다. 엎드려서 탈 때 아동 시야 앞에 블록과 고리를 놓고, 공 위에 엎드려서 블록 쌓기를 하거나 고리를 고리대에 넣는 놀이를 할 수 있다.

▶ 응용 방법: 엎드려 탈 때 앞·뒤 좌·우로 흔들어 본다. 아동이 넘어지지 않는 선까지 움직인다. 블록과 고리넣기 뿐만 아니라 퍼즐 맞추기와 기타 장난감 놀이 활동을 해도 된다. 공 위를 벗어나서 선생님은 아동의 발목을 잡고 아동과 손수레 걷기 놀이를 한다.

▶ 기대 효과: 큰 공 위에서 흔들리므로 전정감각이 제공된다. 중심을 잘 잡아야하기 때문에 균형감각과 자세 조절 능력이 필요하고, 근력과 근 긴장도가 향상이 된다. 엎드려서 어떤 활동을 하기 때문에 집중력도 향상된다.

13) 스피닝 콘(spinning cone) 놀이

▶ 준비물: 커다란 스피닝 콘, 볼풀공

▶ 놀이 방법: 아동은 커다란 스피닝 콘 안으로 들어가 앉는다. 콘에서 중심잡고 앉아서 이리저리 흔들어 본다. 앞·뒤 좌·우도 흔들어 보고 빙글빙글 돌려도 본다. 콘 안에 볼풀공을 넣어서 흔들면 더욱 재미있다. 볼풀공 대신에 소리나는 구슬을 넣으면 스피닝 콘이 움직일 때마다 소리가 나서 청각적 자극이 되므로 재미있다.

▶ 응용 방법: 스피닝 콘 위에 앉아서 타고 되지만 서서도 탈 수 있다. 균형감각이 떨어지면 다른 아동이나 선생님 손을 잡고 타면 된다.

▶ 기대 효과: 스피닝 콘에서 중심잡고 이리저리 움직이면서 전정감각이 제공된다. 중심을 잘 잡아야 하기 때문에 균형감각과 자세조절, 신체의 협응능력이 요구된다.

에듀컨텐츠·휴피아
CH Educontents·Huepia

【 참고서적 】

김경미 등 (역). (2008). 감각통합과 아동. 군자출판사. 서울.
김경미, 지석연, 노종수 (역). (2003). 감각통합 Q & A. 정담미디어, 서울.
김종만 등. (2015). 신경해부생리학 5판. 정담미디어, 서울.
김주연. (2013). 엄마표 창의력 오감놀이. 마음상자, 서울.
대한감각통합치료학회. (2011). 대한감각통합치료학회 교육자료집 기본과정. 대한감각통합치료학회, 서울.
성영혜, 유한규, 이상희, 김수정. (2002). 치료 놀이 II. 형설 출판사, 경기도.
이지항, 백은경, 이주연, 윤미숙, 이나헬. (2006). 장애아동 사회적응 통합 프로그램 개발 -발달장애 유아를 위한 집단체육놀이-. 서울복지재단, 서울.
트리쉬 커프너. (2004). 비지북 101. 동아일보사, 서울.
트리쉬 커프너. (2004). 비지북 102. 동아일보사, 서울.

재미있는 **감각통합 놀이**

2023년 10월 20일 초판 1쇄 인쇄
2023년 10월 25일 초판 1쇄 발행

저　　자 | 이 나 핼
그림/삽화 | 이 나 핼

발 행 처 | 도서출판 에듀컨텐츠휴피아
발 행 인 | 李 相 烈
등록번호 | 제2017-000042호 (2002년 1월 9일 신고등록)
주　　소 | 서울 광진구 자양로 28길 98, 동양빌딩
전　　화 | (02) 443-6366
팩　　스 | (02) 443-6376
e-mail　 | iknowledge@naver.com
web　　 | http://cafe.naver.com/eduhuepia
만든사람들 | 기획·김수아 / 책임편집·이진훈 김예빈 주소영 하지수
　　　　　 디자인·유충현 / 영업·이순우

ISBN　 | 978-89-6356-446-3 (13590)
정　가　| 10,000원

ⓒ 2023, 이나핼, 도서출판 에듀컨텐츠휴피아

> 이 책은 저작권법에 따라 보호받는 저작물이므로 무단전재와 무단복제를 금지하며, 책 내용의 전부 또는 일부를 이용하려면 반드시 저작권자 및 도서출판 에듀컨텐츠휴피아의 서면 동의를 받아야 합니다.